물 바람 단풍 익는 소리

본도서는 한국문학예술진흥원 선정 우수도서입니다

물 바람 단풍 익는 소리 (한비시선 150)

초판인쇄 2023년 11월 1일 I저자 황무룡 I펴낸이 김영태 I펴낸곳 도서출판 한비CO 출판등록 2007년 1월 16일 제 25100-2006-1호 I전화 053)252-0155 I팩스 053)252-0156 주소 700-442 대구시 중구 남산2동 938-8번지 미래빌딩 3층 301호 I홈페이지 http://hanbimh.co.kr 이메일 kyt4038@hanmail.net

ISBN 979-11-6487-121-6   04810
       978-89-93214-14-7(세트)
값 10,000원

*잘못된 책은 교환해 드립니다.
*저자와의 협의로 인지는 생략합니다.

물 바람 단풍 익는 소리

-황무룡 지음-

시·인·의· 말

삶의
고갯마루에서
숨 멈췄다
어찌어찌 또 쉬어보니
아리랑 고개 넘어 새 세상 같은 느낌

덤으로 살아가는 주제

좋은 詩
무슨 좋은 詩
좀 읽혀지는 詩
그거 욕심내 본다
꼭 얼뜨기 같이

한비출판사에 감사

차/례

1부 - 마음과 마음으로

노랗게 사랑하고 싶은 여인아

낙엽의 기도_14
고봉밥_15
빨간 찔레_16
송림사_17
규봉암_18
낙석 주의_19
그냥_20
어디까지 왔노_21
풍화(風花)_22
백합꽃_23
사이_24
가을의 기도_25
복수초_26
동행_27
감자와 휴대폰_28
저 낙엽들_29
감, 사랑_30
그냥 훨훨_31
그냥 좋다_32
저 물방울_33

2부 - 보랏빛 마음 같은

갈바람에 어깨 추스르며 눈웃음 노랗게 보낸다.

넥타이 매며_36
솟대_37
회초리_38
봉화에 가보면_39
나팔꽃을 꺾어_40
고추 벌레_41
삶을 계산하려니_43
갈 곳 없다_44
이 가을에_45
당신과 나_46
감기_47
火_48
제비꽃_49
죽(竹)_50
강물을 바라보며_52
세심(洗心)_53
중도(道)_54
암 덩어리_55
잡초와 전쟁_56
몽고반점_57

3부 – 마음만은 같은 곳으로

너도 그렇고 나도 그렇고
우리는 다 변하지 않으려 한다.

믿음이 두렵다_60
모리국수_61
찻잔 받침_62
나무늘보_63
어느 별로 돌아갈까_64
개구리 하품_65
나는 누구인가?_66
감나무의 꿈_67
신은 없다_68
코로나19_70
그럼에도 불구하고_71
상사화_72
나와 나_73
파란 마음_75
유복자_76
우체통_77
꼰대들_78
홍초의 꿈_79
도루묵_80
똥이여 안녕_81

4부 – 세상 모퉁이에서

세상도 나도 모두 다 돌아간다.

바다 & 나_84
잠꽃_85
저질러_86
된장_87
벚꽃_88
환화(幻花)_89
소_90
적송령_91
참새 열리고_92
외손녀_93
고향 잃어버린 남자_94
기름보일러_95
해바라기_96
자치기_97
빨간 유혹_98
콘돔_100
포장하는 여인_102
부럽지 않다_103
풍경 하나 달고_104
팔랑개비_105

5부 – 푸른 세월 돌아보고

나는 나이지만 스스로 눈 감아버리면 나는 없다.

술, 이 뭐고 _ 108
나는 없다 _ 109
스님 따라갑니다. _ 110
그 그리움 _ 111
묘지 _ 112
낙동강 홍수 _ 113
개구리 합창 _ 114
독백 _ 115
낙엽 장례 _ 116
개미귀신 _ 117
오줌싸개 동상 _ 118
그대 가슴에 _ 119
에펠탑 _ 120
다리 건너다 _ 121
바보 농사꾼 _ 122
도롱뇽 가족 _ 123
빚. 1,000원 _ 124
참기름 보살 _ 125
구수계곡 _ 126
생사입판(生死立判) _ 127

마음, 너만 믿는다._128
독도_129
글 가난_130
신호등_131
이 세상_132

1부 - 마음과 마음으로

노랗게
사랑하고 싶은
여인아

낙엽의 기도

갈바람에
떨어져야 한다면
머뭇거림 없이 그냥 똑
떨어지게 하시고

떨어져서
짓밟히지 않고
심심 계곡에 사뿐 내려앉아
잠들게 하시고

감사와 용서로
조용히 하늘 보며
잘 썩어져서 다시 파랗게
환생하게 하소서

고봉밥

수평선
반쯤 떠오른
찬란한 태양이다.

품에 안겨
쮸쮸 빨며 만지작거리던
엄마 젖무덤이다.

만삭이 된
각시 배만큼이다.

부처님 두상에
지혜의 상징인 육계(肉髻)다.

양지 녘
잔디 송송
할아버지 무덤이다.

밥상 위
국그릇 옆
봉긋한 밥 한 그릇이

빨간 찔레

6월 그날
그 포성 앞에
피 뿌린 영혼들이

연년이
다부 언덕에
하얗게 피었다가
산산이 떨어진 자리마다
恨으로 맺히더니

한여름 뙤약볕 아래서
응어리로 엉글어
하얀 눈 쌓인 겨울날
넋으로
빨갛게 환생했다.

송림사*

닭이 알 낳듯이
소나무 숲이 절 낳았으니

새벽에는 물안개가
낮에는 햇살이
밤에는 달빛이
총총히 돌아가며
큰 도량으로 길러내었네

선 채로 스스로를 지켜온
오 층 진탑은
그 품이 하도 넓어
마음이면 다 받아들이네.

은은한 범종 소리와
땡그랑 풍경소리에는
백팔 번뇌가
눈 녹듯이 사라지게 하네.

---

*송림사 : 대구 인근인 경북 칠곡군 동명면 송림길 73에 있
  는 동화사 말사

규봉암*

무등산 높은 곳
바위 사이에

가부좌 틀고 앉은
규봉암에는

허공이
다 들리고
다 보여

한 사나흘만 깃들어도
나를 알겠네.

---

*규봉암 : 광주 무등산 꼭대기인 전남 화순군 이서면 영평리 897번지에 있는 송광사 말사

낙석 주의

도로변 절개지
위험하게 매달린 돌들
떨어질걸
떨어지는걸
떨어진 걸 주의하라는지
분명치 않은
낙석 주의

이 헷갈림을
아는지 모르는지
세월도
자동차도
그냥 질주하고 있다.

그냥

세상에
이렇게
자유롭고 편안한 대답이
또 있을까?

그냥

어디까지 왔노

하굣길에
친구가
어깨에 손 얹어
눈 감고 뒤따르며
어디까지 왔노
들머리까지 왔다.
어디까지 왔노
모퉁이까지 왔다.
했는데

삶의 길에
각시가
실눈 뜨고 뒤따르며
어디까지 왔는데
월세까지 왔다.
어디까지 왔는데
전세까지 왔다.
어디까지 왔노
집 샀다. 까지 왔다.
토닥거렸지

풍화(風花)

시류 끝
한 송이 꽃으로 피고자
허공에 몸을 감추고
세상 꽃들
다 염탐해 본다.

그들만의
자유와 색깔 촉감 향기들

그 느낌들이
세태 끝으로
새파랗게 달려가
아주 투명한
바람꽃으로 피었다.

백합꽃

하얗게
순결하게 핀
저 꽃

초롱초롱한 눈빛으로

다소곳이
나를 바라보는
친근한
저 꽃

그 꽃
보면 볼수록
생각하면 할수록
예쁘다.

사이

해가 뜨고
지는 사이

꽃이 피고
지는 사이

내가 가고
오는 사이

그 사이를
반짝반짝 살아보자.

가을의 기도

이 가을
풍요로움이

마음과 마음으로
전해져

우리 모두의
얼굴에

웃음꽃으로
활짝 피게 하소서

복수초

그리워
그리워
너무 그리워
어느 눈 쌓인 봄밤
도적처럼
몰래 보쌈질 해와 놓고선
노랗게
노랗게
사랑하고 싶은
여인아

동행

벽을 사이 한
두 화장실
한쪽 문 열고 들어가
신문을 읽는다.

옆 화장실에서도
누군가가
부스럭거리며
신문을 읽는 것 같다.

변기에
나란히 앉아
똥 누면서
돌아가는 세상을 함께 바라보는
누구와
나

감자와 휴대폰

휴대폰을
허리에 차고
감자를 캤다. 정신없이

휴대폰이
밭에 떨어져 묻혀버렸는지
없어졌다.

통화로부터
자유로워졌는데
마음이 허허로운 건 왤까.

감자는
여기저기 보이는데
휴대폰은 결코 보이지 않는다.

말을 전하는
휴대폰도
때로는 싹트고 싶은가 보다

그냥 둬버리자.

저 낙엽들

이 가을에
해야 할 자연 공부 다 했다는
학동들이

온 산속에서
떨어지려 대롱거리고
떨어지며 팔랑거리고
떨어져서 썰렁거리며
빨갛게 노랗게 술래잡기한다.

저러다가
술래가 되면
꼭꼭 숨어버린 친구들 찾아
三冬을
다 들추겠지.

감, 사랑

잎에 숨어
푸르게, 푸르게만 했던
은밀한 사랑이
가을바람에 잎 떨어져
들켜버렸으니

숨을 곳도
숨길 것도 없는데

보란 듯이
마음껏 사랑하다가
그냥 빨갛게
까치밥으로 남으련다.

자유롭게 훨훨

자유롭게
훨훨 날아다니는 새에겐
자유가 곧 생명이다.

자유로움의 행복

울타리를 치는
그 순간이
불행의 시작인걸
진작에 알아차렸으면

울타리
담장, 철망…
소유의 마음까지도 다 걷고

그냥
훨훨 날아다닐 텐데
무소유로

그냥 좋다

안방
작은방, 마루, 마당까지
청소 끝내고

혼자
조용히
녹차 우려 마신다.

깨끗함이
사방에서
스멀스멀 몰려들어

괜스레
그냥 좋다.
달짝지근한 이 여유

저 물방울

물방울이
똑똑 떨어져서
바위에 구멍을 뚫는다.

연약한
저 물방울이
어떻게 바위를

무(無)의 힘
얼었다 녹았다
증발했다 뭉쳤다가
올라가다 내려가다가
솟아올랐다 뛰어내렸다가
스며들었다 고였다
온갖 변신술로
단련한

내공의 힘 아니겠나?

2부 - 보랏빛 마음 같은

갈바람에
어깨 추스르며
눈웃음 노랗게 보낸다.

넥타이 매며

오늘을 위하여
거울 앞에서
넥타이를 맨다.

올가미 지워 내려진 두 삶

잡아당기면
절명해버릴 수도 있는 찰나의
삶은 바쁜데

색상과 무늬를 통하여
보여주려는
삶은 여유롭다.

올가미와 색상, 무늬 사이

오늘도 무사히
거울 앞에서
넥타이를 푼다.

솟대

날개 없어
날지 못하고
오직 외다리로 서서
허공만 응시하는
그대, 목새여

눈이 없어
보지도 못하고
귀가 없어
듣지도 못하고
입이 없어
말하지도 못하면서

높다랗게
앉아서
허공을 다 헤아리는
네가 부럽다.

회초리

허공을 쓰다듬던
싸리나무 가지 하나가
회초리로 변신
종아리를 후려칠 때
죄책감이
번개처럼 찌찌지
몸을 휘돌아
눈물로 번진다.

봉화에 가보면

영주에서
철길건널목 네 개나 건너
봉화에 가보면

내성천이
한복 치맛주름 마냥
다붓이 흐르고

별만큼이나 많은
산과 산들이
푸르게 숨바꼭질하는 곳이라

내 친구도
송이 맛, 춘양목 같은
삶을 살더라.

나팔꽃을 꺾어

금호강변 둔덕에
햇살 머금고 활짝 핀 나팔꽃이
청순하고 너무 고아
그를 사랑하려고 꺾어서
화병에 꽂았다.
꺾여, 화들짝 놀란
그 고운 꽃 색깔은
금방 물안개 따라 달아나고
꽃잎과 줄기는
붙잡혀 꼼짝 못 하고
가슴 할딱이며 죽어간다.
사랑도
고통이 감춰진 사랑은
고통으로 돌아올지 모르는데
그 고통이
어느 아픔으로 돌아올까?
두렵다.

고추 벌레

요놈 요
청양고추같이 지독한 놈
예까지 어디라고,

낙지볶음집
차림 상 밑반찬에
고추찌가 먹음직스러워
한 입 베어 물었는데
입 안이 얼얼해
더는 먹지 못하고 둔
고추 꽁다리에서
걸세 고놈이
고물고물 기어 나왔다.

날겠다는 꿈을 향해
고추밭 어디에서부터
고춧잎에 기어올라
풋고추에 구멍 뚫고 들어가
농부에서 상인으로
식당 주인 주방장의 손을 거쳐
된장독에 빠져 한 열흘

종지기에 담겨
베어 문 순간까지
용케도 살아남았구나.

요놈 요
기구한 운명의 꿈이
이루어지려나

삶을 계산하려니

삶을 계산하려니
모래알만큼이나 숫자가 필요하고

세어도, 세어도 끝없는
그 많은 숫자를
더하고 빼고 곱하고 나누고 하는데
계산긴들 당하려나

이 생각 저 생각 다
더하고 빼고 곱하고 나누고
컴퓨터 자판기도
같잖다고 머리 절레절레 흔든다

갈 곳 없다

아내와 다툰 날
홧김에 집 뛰쳐나오긴 했는데
후련함 뒤엔
막상
갈 곳이 없다.

허공에 찍힌 점,
사막 한가운데 티끌,
벗어 둔 신발 같은 생각에
기억도
욕망도 그
무엇도 다 부질없어진다

홧김에 뛰쳐나온 이 등신
그대 품속 말고는
어디에든
갈 곳이 없네요.

이 가을에

팔랑거리는
낙엽 중
꽤 예쁜 것 하나와
마주쳤다.

참 예쁘장하군!

마음 주는
고 순간
그도 얼떨결에
갈바람에
어깨 추스르며
눈웃음 노랗게 보낸다.

그가 가는 곳
쫄랑쫄랑 따라가 보고 싶다.

이 가을에

당신과 나

전생의 인연이
금생에 이어져
금실이 좋다는 당신과 나

전생에 남편이었던 당신이
금생에 아내로
전생에 아내였던 내가
금생에 남편으로

다시 태어나면
섞바뀐 부부라 하잖소.

이승의 이 인연이
저승까지 이어지면 좋겠다는
당신과 나

다시 태어나도
우리 이렇게 삽시다.

감기

환절기
반갑잖게 찾아온 손님

맞이한
몸과 마음은
재채기두통발열오한콧물기침과 춥고 뼈마디 쑤셔서
괴로움이지만

한 사나흘이면
가래천식비염기관지염폐렴을 주시고
돌아가신다기에

계시는 동안
파뿌리생강귤껍질 달인 생강탕이라도
잘 대접해서

가뿐히
보내드려야지요

火

어제와 오늘이
싸움질하는 경주에
벚나무랑 벚나무 모두
火 내어
난리 났다.

밤 내내
응어리진 火가
벚나무 가지마다 모두
폭발하여
火香이 진동한다.

저 火香이
좀 잦아들고 나면
화해가
벚나무로
경주로 푸르게 흐르겠지?

제비꽃

초등학교
뒷집에 살던 처녀의
보랏빛 마음 같은
제비꽃이여

수줍던
첫사랑의 추억만큼이나
청순하게 피어나는
네 모습이

어느 때
어느 곳에서나
그 첫사랑을 생각하게 하는
제비꽃이여

죽(竹)

훌쩍 커버리는
네 키에서
빨리 자라는 것은
마디가 있어야 안전하다는걸
알게 되었고

태풍이 불어와
휘어져도 꺾이지 않는
네 모습에서
유연성이 삶의 방법이라는 걸
알게 되었고

꽃피우기에
목숨까지도 버리는
네 지조에서
사랑의 한계가 죽음이라는 걸
알게 되었고

청정하려고
속부터 텅 비우는
네 성품에서

비움으로부터 채워짐이라는 걸
알게 되었다.

강물을 바라보며

강물은 흐른다.
가까이에서 바라보면

그런데도

멀리에서 바라보면
강물은 흐르지 않는다.

아 ~

흐르지 않을 듯이 흐른다.
세월도 인생도

세심(洗心)

새벽
맑은 공기로
마음까지
깨끗이 씻어내고

거울 보듯

정말
나 같이 사는지
꼼꼼하게
들여다 본다.

중도(道)

먼 길도
가까운 길도 아닌

높은 길도
낮은 길도 아닌

넓은 길도
좁은 길도 아닌

좋은 길도
나쁜 길도 아닌

딱 중간길

그 길로만 당당하게
걸어가고 싶다.

암 덩어리

몸속에
반짝이는
별 같은 거 두어 개

어두운 마음의
빛인 양
아양 떨면서도

오히려 위협적으로
곁눈질하는
저 반짝임

안달할 때도 있지만

그냥
허허 웃고
무시하며 살란다

잡초와 전쟁

마당 넓은 고택에
살다 보니
잡초와 전쟁이다.

중앙에서 뽑다
모퉁이에서 뽑고
서쪽에서 뽑다
동쪽에서 뽑고
뽑고 뽑고 뽑는데도
돌아서서 또 뽑아야 하는 잡초들

영역 확보와
종족 번식을 위한
저 왕성함을 어찌하오리까

잡초만큼 살지 못한
젊은 날들이
후회막급이다.

몽고반점

종족의
증표였던가

삼신할머니가
세상에 나가 당당히 살라고
엉덩이 찰싹 때린
멍 자국인가

부적처럼
나답게 살라고 찍어둔
몽고반점

태어날 땐
선명했든 그것이

나이 들면서
살아져 버렸으니

내가 나답잖게
살아가는 게 아닌지
늘 찜찜하다.

3부-마음만은 같은 곳으로

너도 그렇고
나도 그렇고
우리는 다 변하지 않으려 한다.

믿음이 두렵다

세상에
가장 믿을 사람도 나이고
못 믿을 사람도
나이다.

단 하나뿐인
나이기에
하늘은 나를 속여도
나는 나를 속일 수 없는데

살다 보니
나를 위하여
내가 나를 속여서
울고 웃고 다투고 사랑하고

속으면서도
속는 줄 모르고
태연하게 사는 나를 보니
믿음이 두렵다.

모리국수

구룡포에 가면
애환으로 끓이는
모리국수를 먹어야 한다.

60여 년
사연도 사연이지만
80세 노부부의 손맛 따라
걸쭉한 어탕에
버무려진 쫄깃한 면발의
얼큰한 맛
땀 한 사발쯤
흘리며 먹어야 한다.

구룡포 하면
생각나는 모리국수
먹고 왔는데도
또 먹고 싶은 별미다.

찻잔 받침

그 사람
마음 한 조각인
찻잔 받침

차를 우려 마실 때마다

내 마음
쏟아지지 않게
넘치지 않게
흐트러지지 않도록
받쳐주면서

언제나
차 맛과 향이
제대로 우려 나오도록
보듬어주는
그것은

그만의
믿음직한 사랑이어라.

나무늘보

번개같이
빠른 세상
너처럼
느리고 게으르게 살아도
되는 거야

짧고 둥근 머리
짧은 주둥이
긴 다리 끝에 달린 날카로운 발톱
작은 키로
느리게 살아도
누릴 것 다 누리면서
행복하다고

빨라 봤자
모두 그곳으로 갈 뿐인데
뭐 별것 있겠어.

어느 별로 돌아갈까

어느 별에서 왔을까?

울다가

웃다가

또

어느 별로 돌아갈까?

개구리 하품

본 사람도
들은 사람도 없는데
개구리가 하품했다고 우기면
믿어야하나
말아야하나

참도 거짓되고
거짓도 참이 될 정도로
질퍽한 세상

눈 뜨고도 속고
눈 감아도 속으니

이쯤 되면

개구리인들
졸리거나 싫증 나서
입 째지게 하품하지 않겠는가.

개구리도 하품하는
세상이
분명할 거야.

나는 누구인가?

나는 누구인가?
하늘 향해 물었더니
묵묵부답

나는 누구인가?
바다를 향해 물었더니
철석일 뿐

나는 누구인가?
산을 향해 물었더니
"나~~"라 하고

나는 누구인가?
내 마음에다 물었더니
"이 바보야"한다.

나는 누구인가?
알고 모르고는
근본적인 문제인데

나는 누구인가?
아~ 참말로

감나무의 꿈

반의반 평도 안 되는
좁은 땅에 사는
감나무

봄이면
물, 햇빛, 영양분
필요한 만큼 끌어모아

여름이면
무성히 잎과 꽃을 피웠다가
감 몇 말 매달고

가을이면
잎은 흙으로 돌려보내고
감은 나누어주고

겨울이면
나이테 하나 늘리는 것이
꿈이라니

소소한 그 꿈
참 부럽다.

신은 없다

고택 터줏대감처럼
살다 죽은 자목련 한 그루
베어낸 다음 날
오른쪽 다리 허벅지가
움직일 수 없을 정도로 아팠다.

죽은 고목에
신이 존재하는지
무심코 베어낸 것에 대한
벌 같다는
아내의 농담에

혹시나 해서
베어낸 밑동에
막걸리 한 사발 부어놓고
사죄했더니
이삼일 지나니
서서히 아픔이 사라졌다.

신은 없다
하지만

있다고 믿는 만큼
벌도 주고
사죄도 받아주는가 보다.

코로나19

새봄은 맞는데
유난히
심란하고 외롭다.

손톱에 낀
먼지보다 몇 배 더 작은
미생물에
건장한 사람도
겁에 질려
몸 둘 바를 모른다.

끼리끼리
아옹다옹
즐기는 오만으로부터
마스크 쓰고
거리 두고
손 잘 씻으라고
일갈하네

그럼에도 불구하고

나도 변하고
너도 변하고
우리 모두는 변한다.

그럼에도 불구하고

너도 그렇고
나도 그렇고
우리는 다 변하지 않으려 한다.

할 수 없지 뭐

더 이상 변하지
않으려 해도
본래의 그 형태까지는
변해가야지

상사화

원래 우리는
갈라놓을 수 없는
한 몸이기에
누가 뭐라 해도
하나일 수밖에 없는데
잎은 잎대로
꽃은 꽃대로
하념 없이 그리워해야 하니
도대체 이런
장난 같은 운명이 어디있어
전생에 무슨 죄로
잎과 꽃이 영원히 볼 수 없도록
갈라놓았을까
사랑이란
보는 것이 아니라
보고 싶은 그 마음의 무게와
간절한 기도로
이루어질 수 있다는
자연의 속내를
들여다본다.

나와 나

늙을수록
익어만 가는
내 사랑 "나와 나"

한순간도 없으면 못사는 사이

내가 웃으면
먼저 웃고
내가 울면
더 먼저 울고

내 마음을
어찌 그리 잘 아는지

내가
갖고 싶은 거
먹고 싶은 것
하고 싶은 거
가고 싶은 곳
뭐든 알아서 척척 챙겨주어도

아주 고요함 속에서나
볼까 말까 하는
천상의 사랑

파란 마음

티 없이 맑은
파란 하늘
바라보면 상쾌하다.

비 내리려는
흐린 하늘
바라보면 우울하다.

구름 따라다니는
내 마음이
그냥 파랬으면 좋겠는데.

그것보다는
구름 위
본래의 파란 하늘이었으면
더 좋겠다.

유복자

특별히
아버지가 없는 것으로
알고 자랐다.

유복자

의지할 곳 없으니
외롭고
소심하고
연약하고
내성적인 나

그렇지만
삼라만상을 다 품는
산 같은
아버지이고 싶었다.

우체통

가식 없이
늘 빨간 옷만 고집하는
변함없는 친구

받는 대로 주고
주기 위해 받아들이는
정직한 친구

악수는 잘 안 해도
넌지시 속마음을 여며주는 게
취미요,
기술인 친구

그는 그
나는 나이지만
마음만은 같은 곳으로 향하는
단짝, 그는
내 사랑과 그리움

꼰대들

세상은 변했다.

고속철도 타고
부산에서
서울 가 점심 먹고
돌아와도
하루가 넉넉할 정도로

그런데도

경비 절약에는
부산에서 서울까지 오가는데
하루가 팍팍한
무궁화호가 최고라고
고집하는 그들

홍초의 꿈

창공을 향해
초록 함성
마음껏 외치다가
빨갛게 웃음 짓는 게 꿈이라
봄부터 손 모아
소원 빌었다.

그리고

날마다
초록으로 보고
초록으로 듣고
초록 말만 하고
초록으로 사랑했더니

어느 날
초록 잎 사이로
꽃대 올려
빨간 웃음
활짝 웃게 되더라.

도루묵

배고플 때
먹은 "묵어"가
너무 맛있어
그 이름을 "은어"라고 했다가

배부를 때
다시 먹어보니
맛이 없어
"도루묵*"이라 이름 붙였다니

도루뭉실인가
도루아미타불인가
도루하라는 건가
도루 무르라는 뜻인가

뒷간 갈 때와
나올 때의
마음이 변하듯
세상은 말짱 도루묵이다.

---

*도루묵 : 인조가 이괄의 난을 피해 공주로 피신했을 때 '묵어'가 너무 맛있어 그 이름을 '은어'로 바꾸라고 명했다. 이후 궁궐로 돌아와 그 맛이 그리워 다시 찾아 먹었더니 피난 때와 달리 맛이 없어 '도루묵'이라고 했다는 이야기가 있음.

똥이여 안녕

살면서
천연스럽게 "안녕"이라
해본 적 있었나?

네 살배기 외손녀
변기에다
밀어낸 똥에게
세척 버튼을 누르며
천연스럽게
"똥이여 안녕"이라 한다.

제 몸을 돌아
영양분을 주고 가는
그 고마움
아는지 모르는지
똥에게 잘 가 인사하는
고 녀석

똥에서는
붕어빵 냄새가 솔솔 난다.

4부-세상 모퉁이에서

세상도
나도
모두 다 돌아간다.

바다 & 나

고요히
들숨과 날숨을
관하다 보면
어느새 마음이
파도가 철썩이는
고향 바닷가에 가 앉았다

가슴 가득
들이마시는 공기만큼
밀려오는 파도
후련하게
내보내는 잡다한 생각만큼
밀려가는 파도

끊임없이 철썩 철썩이는
파도와 소통하는
바다 & 나

잠꽃

늘
어두움
속으로만
까맣게 피어나
내가 바라보기도 전에
나를
삼켜버리는
잠꽃

세상의
어두움 다 긁어모아
까맣게
까맣게 피었다가
하얗게
하얗게 지는
요술의
잠꽃

저질러

종도 쳐야 울고
북도 쳐야 소리 낸다.

이 눈치 저 눈치
살피다 보면
칠 때를 놓쳐 버린다.

그냥, 쳐놓고 보자.

치는 것은
폭력도 강요도 실수도 아니고
그냥 선택이다.

세상도
친 뒤라야 바뀐다.

된장

콩

뚝배기

풋고추, 꽁보리밥, 쌈

할머니

맛

벚꽃

찬 겨울을
잘 견뎌 그렇지
말보다 먼저
터뜨리는 함박웃음
저 환희 보소.

뺨을 후려치는
꽃샘바람에도 아랑곳없이
화려한 입술과
연초록빛 보조개의
요요한 모습

하늘하늘
길바닥에 떨어져서도
삼보일배의
참회하는 마음으로
봄을 헤아리네

환화(幻花)

피우고 싶음이
얼마나 간절하면
허공에다 꽃 피울 수 있을까?

있지도 않고
없지도 않은
내 영혼의 환화여

비록, 찰나에
피었다 지는 꽃이지만
그 향기에 감전(感電)되고 싶다.

소

밭 갈고
쓰레질하고
달구지 끌 때가
좋았지

일없이
종일 축사 안에서
빈둥거리니
답답하지

때 되면
먹고 자고 싸는 게
삶의 전부는
아니지

뭘 할까?
되새김질만 하면서
세월 보내기
괴롭지

적송령*

나무도
사람이 되고 싶은지

석평마을
평평한 넓은 터에
사지(四肢) 늘어트리고
환갑 열 번 넘긴
소나무가

세금 내고
장학금 주고
막걸리 잘 마시면서
적송파 대 이을
손까지 뒀네.

---

*적송령 : 경북 예천군 감천면 천향1리 410번지에서 크는
  소나무, 천연기념물 제294호 지정, 매년 토지세
  를 내고 있음

참새 열리고

매원마을
고택 사이
늙은 탱자나무에

아침마다 참새가 열려는데

저들끼리
뭐라 뭐라 조잘조잘
익어가니

낯선 바람이
밉살스럽다며
휘익 따 가버린다.

외손녀

어디서 왔는지

배고프면 울고

오줌똥 쌌다고 울고

덥다고 춥다고 울고

불편하다고 울고

울고 울어도

우는 모습이 천사인

조은채

고향 잃어버린 남자

어머니
할머니 같은
고향 잃어버린 남자

의지할 곳도
그리울 곳도
갈 곳도 없어져 버린 채

사는 곳에
덩그러니 앉아
행복 나부랭이만 챙긴다.

기름보일러

바람 불고
배고플수록
마음은 더 추운 법

세상 모퉁이에서
점점 식어가는 人心
데워보려고

온종일
윙윙 울어 보고
몸속 활활 태워보고
펑펑 열기 뿜는
저 몸부림을 아는지

마음 돌아가는 길이
따뜻하다.

해바라기

봄, 여름
햇빛 쫓아
돌고 돈 해바라기

양글양글
뙤약볕 그리워

늦가을
툇마루에
쫀쫀히 모여 앉아
공부하고 있다.

자치기

세월을 짧게 잘라
양 끝을 빗대어 깎은
막대를 만들고

인생을 길게 잘라
잣대를 만들어

자치기 놀이를 한다.

빗댄 부분을 쳐서
공중에 틔어 오르는 세월을
마음껏 후려쳐서
멀리 날려 보내놓고

그 세월을
한 땀 한 땀 재어가는

자치기, 삶의 놀이

빨간 유혹

빨간 동백이
전생의
인연인지 모른다.

그냥
보고 싶다.
사랑하고 싶다.

빨아드려 녹일 듯한
빨간 유혹

빨간 얼굴
빨간 입술
빨간 웃음
빨간 향기

뚝뚝
떨어져 내리는
꽃잎에도
사랑이 빨갛게 머무는

빨간 동백이
만발한
그 섬에 가고 싶다.

콘돔

아내랑 함께
이-마트에 갔었다

면도날을 찾아서 이곳저곳 살피다가
비슷하지도 않은
콘돔 세트를 들고 살피니
아내가 눈 흘기며

"얄궂다, 그걸 뭐 하려고"

그때 왜
하필, 그걸 집어 들고 살폈는지
참 황당했는데

"한눈팔면 죽어"하는
아내의 엄포에

어느 짓궂은 농담가의

『쌍둥이 형제가 엄마 뱃속에서
동생이, 형아 인제 그만 나가자 하니

형이, 아버지가 우산 쓰고 들어오는 걸 보니
밖에 비가 오는가 보다.
좀 있다 나가자.』라는 말이 생각나

아내 귀속에다 대고

"별 필요 없이
빗줄기처럼 쏟아내는 올챙이들
막아내려면
요게 필요하지 않을까."로
겨우 웃어넘겼다.

포장하는 여인

솜씨가
예쁜
포장하는 여인

고운
그 손놀림이
마음까지 포장해서
아름다운가.

내 마음도
젊게
포장할 수 있을지
부탁해 볼까.

감쌀
포장지가 없다면
그냥, 그대 마음으로
싸 달랠까.

마음이
예쁜
포장하는 여인

부럽지 않다

잠에서
깨어나면
죽음 같은 건
옷장에 걸어두고

먹고 싶을 때 먹고
일하고 싶을 때 일하고
놀고 싶을 때 놀고
누고 싶을 때 누고
자고 싶을 때 자고

그렇게
욕심 없이
걱정 없이
걸림 없이
사노라면

너무 행복해서

구름, 바람, 별, 물, 새, 풀, 꽃…

그 무엇도
부럽지 않다.

풍경 하나 달고

바람이
들락거리는
추녀 끝에
풍경 하나 달고

바람의
말과
웃음과
울음소리를
들어본다.

무시로
무심히
무덤덤 들려오는
그 소리로

세태에
찌든
내 영혼을
맑게 씻어 보련다.

팔랑개비

돌아가는 것이
원칙이다.

세상도
나도
모두 다 돌아간다.

팔랑개비

돌다가
돌다가
돌아가다가

도는지
마는지
그렇게
마구 돌고 돈다.

5부 - 푸른 세월 돌아보고

나는 나이지만
스스로 눈 감아버리면
나는 없다.

술, 이 뭐고

물도
해탈하면 술이 되어
세상을
취하게 하는가.

화두는
술, 이 뭐고

평생
가부좌로 면벽하여
참구(參究)하다
문득 마개 비틀린 소리에
활연히 깨친
술, 저 해탈

술, 술이
잔 잔 잔에
부어지는 설법으로
세상을
즐겁게 한다.

나는 없다

내가
나라고 해도
남이 나 아니라면
나는 없다.

남이
나라고 해도
스스로 나 아니라면
나는 없다.

우주에서
나는 나이지만
스스로 눈 감아버리면
나는 없다.

스님 따라갑니다.

첩첩산중
봉황새 따라가 터 잡았다는
봉정암으로
스님 따라갑니다.

없을 법한
부처님 진신사리
탑 속에 모셔져 있다기에
그 먼 길을
스님 따라갑니다.

스님 발자국에
내 발자국 감히 얹으며
물, 바람, 단풍 익는 소리에
귀 기울여
스님 따라갑니다.

쉽게 범접할 수 없는
불타의 품에
너도나도 몰려들어 더 苦行인
봉정암자로
스님 따라갑니다.

그 그리움

창밖
내리는
수많은 눈송이 중에
유난히
눈길이 가는
하얀 눈송이 하나

그 그리움

삶에
스쳐 간
수많은 사람 중에
특별히
잊히지 않는
그리운 이름 하나

묘지

그곳으로
가는 길이 있기에
찾아간다.

소유의
이곳에서

골짜기 따라
능선을 넘어
덤불 헤쳐 길 끝난

무소유의
그 암자로

낙동강 홍수

긴 세월 동안
쏟아낸 수많은 말들이
골짝에서 강으로 바다로 하늘로
온갖 곳 떠돌다
폭우로 쏟아져
낙동강 가득 흐른다.

정화되지 않고
뒤섞여 흐르는 저 말들
한차례 쓸려가고
흐름이 좀 잦아들면

낙동강
물물이 말끔한 언어들이
흘러가려나.

개구리 합창

둘이 사랑으로
듣는 날은
김춘수의 꽃으로 느끼고
혼자 외롭게
듣는 날은
소월의 진달래로 느낀다.

사랑은 가끔

의미와 존재
이별과 그리움
온갖 느낌으로 개골개골
잠시 조용해지다
다시, 청청하게 들린다.

독백

내가
바닷가에 간 까닭은
나만이 알고 있는
비밀을
망망대해를 향해
가슴 후련하게
털어놓아도
파도만
쏴-악 철썩하기
때문이다.

낙엽 장례

죽어가면서
빨갛게 노랗게 웃을 거고
시체가 돼서도
여기저기 나뒹굴며
개구쟁이 짓 할 거예요.

풀벌레 외는
아무도 곡하지 말고
겉치레인
성복 빈소 문상 발인 상여 같은 건
싫으니까. 아예
준비하지도 말고요.

그냥 조용히
푸른 세월 돌아보고
갈색 여운 즐기며
초록 환생 꿈꾸며
한적한 쓰레기장에서
한 줄기 연기로 솔솔 돌아갈게요.

개미귀신

누가 뭐래도
난, 명주잠자리가 되어야 해

그래서
세상을 유인하기 위해
함정, 깔때기 모양으로 파 놓고
이 짓을 하는 거냐

그러니까
개미, 넌 특히 조심해야 해

사는 게
다, 먹히고 안 먹히기 위한
함정 놀이야

괜스레
살피지 않고 걷다가
깔때기, 내 계책에 말려들어
죽네 사네 하지 말고

오줌싸개 동상

벨기에 브뤼셀
어느 길모퉁이에 서서

세상을
조롱하듯
지휘하듯
호령하듯
환호하듯

진지한 모습으로

빨가벗고
거시기로 힘껏 싸질러 대는
고 녀석

참 후련하겠다.

그대 가슴에

그대 가슴에
세상에서 가장 깊고 넓은
우물을 파리라.

샘물이 언제나
맑고 푸르고 아름답게
솟아 나오게 해

두레박으로
퍼 올리다 퍼 올리다
힘에 부치면

그 속으로
풍덩 빠져버려도
좋으리.

에펠탑

파리 센강 변에서
지구와 허공이
흘레붙은 걸 봐 버렸다.

어스름한 밤
저렇게 다 보란 듯이

우뚝 세워
허공에 삽입해 반짝이는
오르가슴 순간의
질 속까지를 다 보여주는

위대한 사랑의 기술

사람들을 잉태했다가
산고 없이 물물이
해산하는 거까지도 다

다리 건너다

강 건너 저편
누가 어떻게 살고 있는지
궁금해서
다리를 건넌다.

봄, 여름, 가을, 겨울의
계절교
과거, 현재, 미래의
시간교
나와 너와 우리의
인교
말, 시선, 감정, 행동, 기운…
관계교

매일 매일
때때로
수많은 다리를 건너다보니

목적도 잊고
무심히
그냥 건너기만 한다.

바보 농사꾼

아무나 짓고
아무나 짓지 못하는 게
농사인가 보다

심은 대로
싹 틔워
가꾼 대로
거둬들이는 건
바보도 잘하는데

무엇을 심고
어떻게 가꾸고
언제 거둬들이는지
농사꾼도
잘못할 때가 있다.

하늘 탓
땅 탓
연장 탓하며
지렁이와 노닥거리는
바보 농사꾼

도롱뇽 가족

허락도 없이
세도 내지 않고
은근슬쩍 하수구 맨홀에
언제부터인가
전세 든
도롱뇽 가족

하수구를 치다
그 사실을 알았다.

월세라도 받아야 하나

징그럽도록 순수한
마음 하나로
찾아든
그 가족들

오염으로부터
나를 지키는 파수꾼으로
오히려
월급 줘야겠다.

빚. 1,000원

주차지역에
주차했다가
주차료를 내지 않아

'공영 주차비 1,000
대구은행, 김금영
213-00-000119
입금 시 차 번호 기재요'

빚 독촉이 왔다.

주차관리원이
보이지 않아
그냥 온 것뿐인데

갚을까 말까
망설이다가는
평생 빚으로 남을 것 같아
송금했더니

마음속에
청도라지 꽃 한 송이
살포시 핀다.

참기름 보살

어느 스님

참기름 보살
보내주신 참기름
맛있게 잘 먹었어요.

어느 여인

별거 아닌데요. 스님

참기름만큼이나 곰살갑게
인사를 나누니

나눔의
고소함이
온 동네 진동했다.

구수계곡

하늘과
땅과 자연이
교감해 빚어낸 절경

푸름과 울긋불긋
새 생명과 죽음들이
노니는 가을 구수계곡

들어서면 들어설수록
빨려 들어가

내가 자연인지
자연이 나인지
무심히 하나 되어버리는

청정한 풍경 속에
삶의 먼지들
확확 떨어버리고 싶다.

생사입판(生死立判)

여름밤
모기 한 마리
팔에 앉아 피를 빤다.

잡아 죽일까
훌쳐 쫓을까

생사입판(生死立判)*의 찰나

알아채고
잽싸게 도망가면
좋으련만

더 빨려는
그놈의 욕심스러움이
살생을 부른다.

---

*생사입판(生死立判) : 사느냐 죽느냐가 당장에 결정됨.

마음, 너만 믿는다.

행복을 찾아
세상을 떠돌던 마음

그 마음이
꽃피고, 새 우는 좋은 곳에
말뚝을 박고
굳건히 안착하여

그 고삐만큼
충분히 즐기며
행복해하는 마음아

떠나는 날까지
마음, 너만 믿는다.

독도

내 살점 하나
뚝 떨어져 나가 멈춰 선
바위섬

내 오장육부에
살고 있는
괭이갈매기, 뿔쇠오리, 바다제비들
집 지어 살고
돌돔, 개볼락, 소라, 해삼들이
헤엄쳐 노니는 곳

내 육신
영혼까지도
물결로 연결되어 출렁이는
피붙이의 섬
독도

글 가난

세상에서
가장 서러운 게
가난이고

그중에서도
가장 창피한 것이
글 가난

셋방살이
입을 것 변변찮고
양식 떨어져 서글픔 같은 건
어찌어찌 참아도

못 배워서
까막눈 봉사로
살아가는 건
죽음보다도 더 싫다.

신호등

마음속은
언제나
생각의 충돌로 복잡하다.

생각이 일어났다 사라지는
그 사거리에
신호등을 설치하자

생각이
일어나 움직일 때
파란불
잠시 멈춰서 잠재할 때
빨간 불

깜빡깜빡
자동조절이 된다면
살랑살랑
행복하겠는데

이 세상

이 세상은
내 것이기 때문에
내가 존재한다.

내 것인 만큼
우리 모두의 것

내 것
네 것
따질 일은 아니고
공평하게
나누어 가진 이 세상

잘 살면
내 세상이요
못 살면
저세상일 뿐이다